Rookie
**Español**
Ciencias

# Astronautas

## por Carmen Bredeson

**Consultores**
Minna Gretchen Palaquibay
Centro Rose para la Tierra y el Espacio
Museo Americano de Historia Natural
Nueva York, Nueva York

Nanci Vargus, Ed.D.
Maestra primaria
Escuelas de Decatur
Indianápolis, Indiana

Katy Kane
Consultora de educación

**Traductora**
Eida DelRisco

Children's Press®
Una división de Scholastic Inc.
Nueva York  Toronto  Londres  Auckland  Sydney
Ciudad de México  Nueva Delhi  Hong Kong
Danbury, Connecticut

Diseñador: Herman Adler Design
Investigadora de fotografías: Caroline Anderson
La foto en la cubierta muestra al astronauta Michael Lopez-Alegria trabajando
en la Estación Espacial Internacional.

**Información de Publicación de la Biblioteca del Congreso de los EE. UU.**

Bredeson, Carmen.
    [Astronauts. Spanish]
    Astronautas / de Carmen Bredeson
        p. cm. — (Rookie Español)
    Incluye índice.
    ISBN 0-516-24441-8 (lib. bdg.)        0-516-24699-2 (pbk.)
      1. Astronáuticas —Literatura juvenil. 2. Astronautas—Literatura juvenil.
[1. Astronáuticas. 2. Astronautas. 3. Ocupaciones. 4. Materiales en lengua
española.] I. Título. II. Serie.

TL793.B729318 2004
629.45'0092'2—dc22

2003062618

4 5 6 7 8 9 10 R 13 12 11       

Los astronautas son hombres y mujeres quienes viajan al espacio.

Los primeros astronautas
volaron en pequeñas
cápsulas espaciales.

En estas pequeñas cápsulas
sólo cabía una persona.

Hoy en día, los astronautas
vuelan en naves espaciales.

# Dentro de la nave espacial caben ocho personas.

Los astronautas entrenan
durante más de un año para
prepararse para un vuelo.
Ellos tienen que aprender
a hacer trabajos especiales.

El comandante es el jefe
del vuelo. Este astronauta
conduce la nave espacial.
El comandante también tiene
a su cargo la seguridad de la
tripulación.

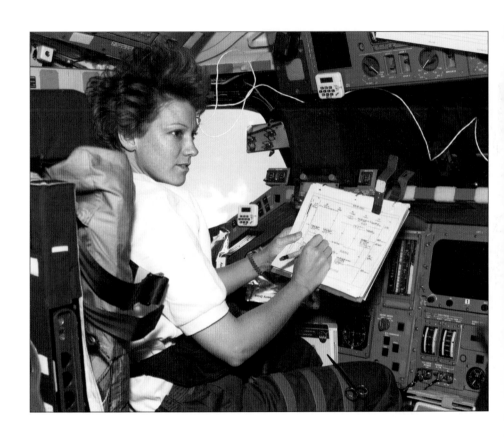

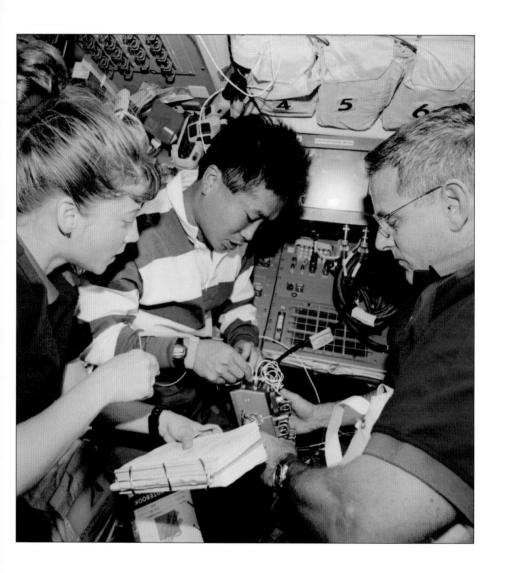

La tripulación pasa meses
aprendiendo cómo funciona
la nave espacial.

¿Qué pasaría si algo se rompe
en el espacio? Los astronautas
necesitan saber cómo arreglarlo.

Los astronautas hacen
experimentos durante el
vuelo. Algunos estudian
cómo crecen las plantas
en el espacio.

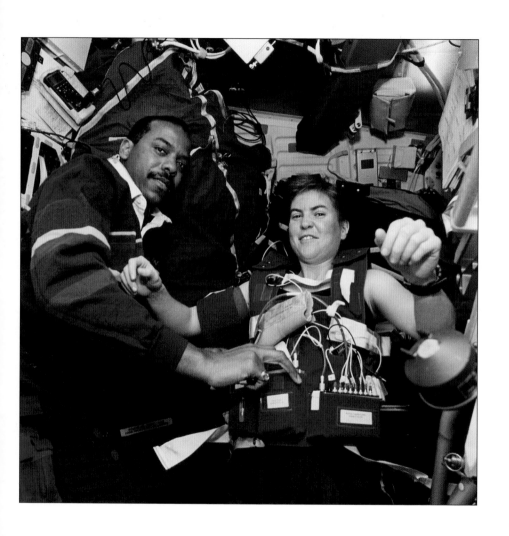

16

A veces, uno de los
astronautas es doctor.
El doctor le hace pruebas
a la tripulación. Quiere
aprender qué efecto produce
sobre los cuerpos el estar
en el espacio.

Los astronautas salen a pasear
por el espacio.
Ellos se ponen grandes
trajes espaciales para
trabajar en el espacio.

Muchos astronautas son científicos
o doctores. Ellos tienen que haberse
graduado de la universidad.

Los astronautas también
necesitan ser muy saludables.

¿Quieres ser astronauta?
Estudia mucho en la escuela.

Haz ejercicios y come alimentos saludables para ponerte fuerte.

Hoy en día, hay algo nuevo en el espacio. Es la Estación Espacial Internacional.

La estación completa va
a durar muchos años
en construirse.

# Se necesitarán muchos astronautas para este trabajo.

Quizás serás un astronauta.

¿Trabajarás en la estación espacial?

¿Serás la primera persona que camine sobre Marte?

# Palabras que sabes

astronauta

comandante

Estación Espacial Internacional

cápsula espacial

nave espacial

traje espacial

# Indice

# Acerca de la autora

Carmen Bredeson ha escrito docenas de libros informativos para niños.
Vive en Texas y disfruta viajar y hacer investigaciones para sus libros.

# Créditos de fotografías

Fotografías © 2004: AP/Wide World Photos/NASA: 5; Corbis Images: 11, 30
superior derecha (AFP), 4, 31 superior izquierda (Dean Conger), 29 (Richard T.
Nowitz), 7, 8 (Roger Ressmeyer), 3, 6, 16, 22, 30 superior izquierda, 31 superior
derecha; NASA: cubierta, 12, 15, 19, 20, 21, 25, 26, 27, 30 inferior, 31 inferior;
PhotoEdit/David Young-Wolff: 23.